Wilhelm Tappert

Das Verbot der Quinten-Parallelen

eine monographische Studie

Wilhelm Tappert

Das Verbot der Quinten-Parallelen
eine monographische Studie

ISBN/EAN: 9783744601719

Hergestellt in Europa, USA, Kanada, Australien, Japan

Cover: Foto ©Thomas Meinert / pixelio.de

Weitere Bücher finden Sie auf **www.hansebooks.com**

Das Verbot
der
Quinten-Parallelen.

Eine monographische Studie

von

Wilhelm Tappert.

Leipzig,
Verlag von Heinrich Matthes.
1869.

Daß Quinten-Fortschreitungen streng untersagt sind und unnachsichtig „geahndet" werden, weiß jeder Musikant, und kein Studienheft — gehöre es nun einem Stümper oder einem Meister — möchte gefunden werden, in welchem die fatalen Spuren des vernichtenden Rothstifts, den die Herren Tonlehrer „allzeit gezückt" in der Hand halten, fehlen sollten. Aber, frägt vielleicht der Unbefangene, warum sind sie denn eigentlich verboten? Ja, das weiß Niemand! Es ist ein alter, ehrwürdiger Brauch, eine theoretisch-musikalische Erbsünde, ein im dunklen Schooße des Unerweislichen ruhendes Fundament des reinen Satzes, kurz und gut: ein Stück „grauer Theorie!" Selbstgefällige Capellmeister versichern allen Ernstes: j e d e Quinten-Parallele klingt schlecht, i c h höre sie stets sofort heraus!" Der Laie glaubt's bewundernd, der Kenner schüttelt zweifelnd den Kopf, weil er weiß, daß die verpönten Quinten zu Hunderten am feinsten Ohre vorüberrauschen, ohne es je unsanft zu berühren! „Die M e i s t e r haben die Quinten i m m e r vermieden, ergo —" so lautet auch wohl das Gutachten eines Autoritäts-Gläubigen, dem die unzähligen Ausnahmen, welche sich in den Werken der Klassiker finden, entweder niemals a u f gefallen sind oder momentan nicht e i n fallen.

Das Verbot ist in seiner drakonischen Strenge heute gar nicht mehr zu motiviren, ich beantrage daher: **gänzliche Aufhebung!** Ich schließe mich aus vollster Ueberzeugung den Bedenken, Wünschen und Vorschlägen an, welche bereits im vorigen Jahrhundert **Kuhnau, Werkmeister, Marpurg** und in neuerer Zeit **Beethoven, H. v. Bülow** u. A. ausgesprochen haben.

Sowie es schlechte, ungeschickte, mißtönige Terzen= und Sextenfolgen giebt, so existiren auch Quinten=Parallelen, die unnachsichtlich verdammt werden müssen, aber Terzen, Sexten und Quinten überhaupt verbieten, um einiger Sünder willen das ganze Geschlecht ausrotten wollen: wer möchte in unseren aufgeklärten Tagen zu solchen Ausschreitungen rathen?

In der Gewißheit, durch mein Amendement bei manchem biederen Musikanten einen kleinen Schauer veranlaßt zu haben, will ich versuchen, die Geschichte des Quinten=Verbots zu geben und mir gestatten, einige Nutzanwendungen daraus zu ziehen.

Während Hucbald, der vielgenannte flandrische Mönch († 930), Guido von Arezzo (um 1025) und deren Schüler und Nachfolger, selbst Franco von Cöln, der bedeutendste musikalische Schriftsteller des 13. Jahrhunderts bei ihren mehrstimmigen Versuchen, sich mit Quarten=, Quinten= und Octaven=Parallelen begnügen, ja in diesen schauerlichen Zusammensetzungen wohl gar „süße Klänge" zu besitzen meinten, die andern Intervalle — weil dissonant — nur geduldet waren, sich nur verstohlen einschleichen durften oder, escortirt von den Consonanzen, ein armseliges Sträflings=Leben führten, während noch 1280 sich folgende dissolute Accordreihe bei Adam de la Hale findet:

die mildere Form bei Landino (1360)

noch den Beweis liefert, daß die damaligen Vertreter der „natürlichen musikalischen Gefühls, des unverdorbenen Geschmacks und unverbildeten Gehörs" in den Quinten=Folgen nichts Anstößiges fanden, taucht zuerst Anfang des 14. Jahrhunderts in den Werken theoretischer Schriftsteller die gleichlautende Bestimmung auf: „zwei vollkommene Consonanzen (Einklang, Quinte, Octave) dürfen in gerader Bewegung **nicht** auf einander folgen.

Dieses Gesetz, als § 1 in jedem Lehrbuche des General=basses zu finden, hat also ein Alter von mehr als 500 Jahren bereits erreicht, darf es uns nun wundern, wenn es — veraltet? Noch figurirt es zwar in den musikalischen Pandekten, im Landrecht der Composition, aber die Hüter sind lau geworden, die Praxis ist mild und die gänzliche Abschaffung muß dem Scheinleben ein Ende machen.

Bis in das 14. Jahrhundert hinein gebrauchte man ohne Scheu Quinten, Quinten=Parallelen; sie bilden den Nachhall des alten Organums; noch zur Zeit Tinctor's sprachen sich manche Tonlehrer sogar für bedingte Zulassung der Sünder aus. Erst im Laufe des 16. Jahrhunderts nahmen es die Theo= retiker strenger mit dem Verbote. Aus der Praxis der dama= ligen Zeit führt Ambros zahlreiche Beispiele an, welche be= weisen, daß die Componisten nicht allzu ängstlich bemüht waren, das Gesetz zu erfüllen. In der Messe „De Franza" von Joseph Bassiron (um 1500) wird man durch fünf nach ein= ander folgende reine Quinten — erschreckt; eine ganze Reihe wohlklingender Quinten=Parallelen hinterließ Lheritier in der Motette: Ascendens Christus; in der Messe des Alex. Agricola: „Je ne demande" fand Ambros gleich in den ersten Takten des „Qui tollis" ganz ungenirte, aber prachtvoll klingende Quinten.

Wie kamen die Leute aber zu dieser Verordnung? Ich glaube nicht, daß eine befriedigende Antwort gegeben werden kann; indeß vermuthe ich, daß die Engherzigkeit, mit welcher man die Dissonanzen (darunter Terz und Sexte!) aus der In= tervallen=Genossenschaft ausschloß, sich bald rächte: die Fremd= linge, deren National=Zahlen nicht stimmten, deren Papiere also nicht in Ordnung waren, versuchten einen Haupt=Coup und überwältigten die mißliebigen Hüter. Die Dissonanzen sollten nur einzeln vorkommen dürfen, jetzt traf die stolzen

Patricier, die Consonanzen, genau dasselbe Loos! Philipp de Vitry bekretirte: „Zwei vollkommene Consonanzen dürfen nie auf einander folgen, wohl aber verschiedene."*) Johannes de Muris spricht sich in gleichem Sinne aus: „Wir müssen auch zwei vollkommene Consonanzen in fortschreitender Verbindung auf- und absteigend vermeiden." Ein anderes Manuscript enthält den milden Zusatz: „so weit wir es im Stande sind." **) Dieselbe Ansicht, doch ohne das gemüthliche Anhängsel, findet sich bei H. de Zeelandia (1380).***) An eine Begründung scheint Keiner gedacht zu haben, denn erst in späterer Zeit bemühten sich die Tongelehrten, das brennende „Warum?" zu beantworten. Pietro Aron beruft sich 1516 auf die Erfahrung: daß der ununterbrochene Genuß süßer Weine und seiner Speisen uns schließlich Widerwillen und Ekel bereite, denn in der Abwechselung liege aller Reiz. Das eben erwähnte Küchen-Gleichniß spielt in den folgenden Jahrhunderten eine nicht unwichtige Rolle, wenn

---

*) — et nequaquam duae istarum specierum perfectarum debent sequi una post aliam . . . sed bene duae diversae.
   Philippus de Vitriaco.
**) „Debemus etiam binas consonantias perfectas seriatim conjunctas ascendendo vel descendendo evitare —," *prout possumus* heißt es anderwärts.
***) — item, duae species perfectae (1. 5. 8 12.) nunquam consequenter venire possunt.

von Quinten- und Octaven-Parallelen die Rede ist. Die Variationen über das Thema: Variatio delectat haben sich seit jener Zeit ansehnlich vermehrt und noch heute wissen viele Theoretiker in der fraglichen Angelegenheit nichts Besseres vorzubringen. Hieronymus Cardanus († 1575) meint: **Vollkommenes müsse auf Unvollkommenes folgen und umgekehrt. Darauf beruhe das Wohlgefallen an der Musik.**

Joh. Crüger (1634) hält das Verbot in seiner ganzen Strenge aufrecht und gestattet nur folgende selbstverständliche Ausnahmen:

„Consonantiae perfectae ejusdem speciei se sequi possunt:

1) cum manent immobiles,
2) in saltibus:

Andreas Werkmeister ereifert sich 1698 in seiner „erweiterten Orgelprobe" gewaltig über das widerliche Gebahren der Quinten- und Octavenjäger: „es redet oft ein Sackpfeifer und Leierzieher von Roß-Quinten, Lämmer-Terzen, Küh-Octaben *) und wissen selbst nicht, was es für Dinge sind. Einige wissen zwar, daß zwei Octaven oder Quinten in der Folge nicht zulässig sind, können sich aber nicht selber davor hüten. Und sind sie so weit gekommen, daß sie dergleichen Fehler erkennen, so kann Keiner mit ihnen rathen! Es sollte aber nicht also sein; denn es gehört mehr zu einer wohlbeschaffenen musikalischen Composition, als die Vermeidung zweier Quinten und Octaven. Diese gemeinen Fehler wissen auch viele Knaben; ein geübter Musikus sieht sich nach solchen Dingen nicht viel um, sondern trachtet nach etwas Mehrerem und Wichtigerem." Hier tadelt Werkmeister die Pedanterie, zwei Jahre später versucht er in dem kleinen Büchelchen: „Cribrum musicum" eine Erklärung für das Verbot zu finden und liefert zum alten Thema von der ergötzenden Abwechselung folgende neue Variante: „— wenn ein Ding in der Natur seine Vollkommenheit erreicht hat, alsdann wird eine Aenderung getroffen, also daß dasjenige, was einmal bis

---

*) Werkmeister führt in seinem Schriftchen Cribrum musicum 1700 die nachstehenden zoologischen Benennungen an: Roß-Quinten, Kuh-Octaven, Sau-Quarten, Lämmer-Terzen, Kälber-Sexten; sie gestatten den Schluß: daß schon damals alle Intervallen-Parallelen, welche gar zu lang, also langweilig waren, in üblem Rufe standen. Die monotonen, theoretisch erlaubten Terzen- und Sexten-Folgen in den Zwiegesängen der italienischen Opern sind unter Umständen weit unangenehmer als eine ganze Reihe verbotener Quinten.

zur Vollkommenheit gelangt ist, nicht zwei= oder mehrmal in einer Zeit auf einander folgen kann; z. B. wenn die Rosen ihre Vollkommenheit erreicht und den Menschen mit ihrer Lieblichkeit erfreut haben, so wachsen sie nicht flugs wieder, sondern es hat Gott und die Natur es also geordnet, daß alsdann andere liebliche Blumen dazwischen wachsen, durch welche Veränderung der Mensch sich mehr belustigen kann, als wenn er immer mit den Rosen sich behelfen sollte." Man wird dieser Erklärung einen gewissen sinnigen Zug nicht absprechen können; die Nutzanwendungen auf die „consonantia perfectissima (Octave) und die consonantia perfecta" (Quinte) ergeben sich von selbst. Joh. Kuhnau, dessen vielseitige Bildung vor einseitigen Auffassungen schützte, vermag nicht, dem Quinten= und Octaven=Verbot in allen Fällen zuzustimmen, auch bei ihm dämmert schon die Morgenröthe der Freiheit, auch er findet, daß gar viel auf die näheren Umstände ankomme. Seine Vorrede zu den berühmten „Biblischen Historien=Sonaten" — sie erschienen 1700 — enthält folgende Stelle: „Durch eine perfecte Consonanz wird das Ohr so gesättigt, daß es keine zweite unmittelbar ohne Ekel ertragen kann. Wie aber, wenn man nun eine Diapente oder Diapason zweimal setzen könnte, welche dem Ohre nicht unangenehm fiele, wie solches auf gewisse Art wohl angeht, würde es dann nicht nach der Juristen=Redensart heißen: „Cessante ratione prohibitionis, cessat ipsa prohibitio?" Heinichen wagt es 1728 nicht mehr, das Verbot stricte zu erneuern, er sagt vorsichtig: Quinten und Octaven sind nicht erlaubt, weil **nach der Meinung der Alten** eine einzige Quinte und Octave das Ohr so vergnügt, daß — nun das Uebrige ist bekannt. Die ausführlichste Abhandlung über Quinten- und Octaven-Parallelen dürfte Marpurg (1755) geschrieben haben. Das Gesetz war schon damals nicht mehr recht zeitgemäß und es wimmelt nun von Ergänzungen, Ausnahmen, Verclausulirungen ꝛc. Der Gedankengang ist etwa folgender: Die Gründe des Verbots sind keineswegs so einleuchtend, daß schlechterdings nichts dagegen eingewendet werden könnte: **aber das Verbot ist einmal da!** „In allen Ländern, wo man eine gesunde, gefällige, vernünftige Harmonie handhabt, wird mit Ehrfurcht daran fest gehalten, kurz, es ist das Schiboleth einer Composition, wonach ein Künstler die mechanischen Einsichten eines Andern beurtheilt. Vor Zeiten wurde Jeder, der wider die Regel von den Quinten und Octaven fehlte, wie ein Quartaner gehudelt, der ut mit dem Indicativ construirt." Marpurg bemerkt, daß um 1755, wo das Parabewort „Geschmack" aufgekommen, die Regeln von den Quinten und Octaven nicht mehr so streng beobachtet wurden. Es konnte ja auch den alten Zopfträgern nicht entgangen sein, daß keineswegs alle diese Parallelen stets das Gehör beleidigen. Es fehlte nicht an lecken Gelehrten, welche damit umgingen, das alte, lästige, überflüssige Gesetz gänzlich aufzuheben, „aber" — sagt Marpurg, „lächerliche, aus der Schule gebrachte Vorurtheile standen hindernd im Wege." Der Kampf zwischen der Autorität des Gesetzes und dem Drängen der Neuerer endete mit einem Compromiß: es wurden Ausnahmen gestattet und die Fälle angeführt, wo die bösen Paragraphen der Musik-Verfassung suspendirt werden durften. „Umstände verändern die Sache! Es ist ebenso wenig möglich, etwas ohne alle Ausnahme zu erlauben als zu verbieten." So ungefähr leitet Marpurg den Abschnitt ein, welcher eine Aufzählung alles Dessen enthält, was man zu berücksichtigen habe. Es sind sieben Punkte, die in Betracht kommen müssen, ehe das Vernichtungs-Urtheil über eine Quinten-Fortschreitung ausgesprochen werden darf:

1) ob der Satz zwei- oder mehrstimmig ist; im zweistimmigen Satze ist Manches erlaubt (Sprünge z. B.), Manches verboten (leere Quinten), was im vollstimmigen untersagt oder gestattet werden muß. Schon eine hinzutretende dritte Stimme kann Ausnahmen entschuldigen;

2) ob die Quinten zwischen den äußeren, zwischen einer äußeren und einer mittleren, oder endlich zwischen den Mittelstimmen stattfinden; die ersteren hört man am schärfsten, in den andern Fällen verschwinden sie meist. Es giebt harmonische Sätze, wo man die offenbaren Quinten in der Mittelstimme ziemlich vertragen kann. **Die Dissonanz erstickt den Verdruß**; z. B.

Doch ist die Dissonanz nicht immer nöthig; C. Phil. Em. Bach schrieb folgende dreistimmige Stelle in einem Claviersolo:

und das klingt besser als man auf den ersten Blick zu fürchten geneigt ist;

3) ob das Zeitmaß schnell oder langsam;

4) ob zwischen den beiden Intervallen eine l ä n g e r e Pause **) oder nicht. Nach einem längeren Absatze ist Alles erlaubt;

5) ob beide Intervalle anschlagende Harmonien machen oder das erste davon nur durchgeht;

---

*) Phi. Em. Bach findet diese Quinten auf a l l e F ä l l e e k e l h a f t.

**) Unter den kleineren Pausen, die also den Parallelen nicht helfen konnten, verstand man lange vor Marpurg schon alle Pausen von den halben abwärts, diese mit eingeschlossen. Ich fand einige Beispiele, welche beweisen, daß die Componisten genau ihre Pausen abbürten, um nicht gegen das Quinten-Edict zu verstoßen; ich werde später eins von Bach anführen.

6) ob man componirt oder auf dem Claviere accompagnirt; **dort** gilt vieles als Fehler, was **hier** keiner ist;

7) ob die beiden Sätze (Accorde), worin die beiden Intervalle sich befinden, **dissoniren oder nicht**. Bei einem **dissonirenden** Satze kann eine Regel allezeit mehr Ausnahmen leiden.

Umstände verändern allerdings die Sache, da es aber nicht möglich ist, alle Umstände aufzusuchen und aufzunehmen, so muß das feine Gehör und eine gute Beurtheilungskraft den Regeln zu Hilfe kommen. Man kann sich nun vorstellen, wie weit die Ansichten allmälig auseinander gingen, wenn es sich darum handelte, gut und böse zu unterscheiden. Möglichkeiten, wie die folgenden, bildeten die Zankäpfel und des Streitens wurde kein Ende:

*) Diese Quinten, obwohl durch verschiedene Stimmen hervorge-

Türk erzählt 1790: Vor ungefähr 50 Jahren setzte eine damals errichtete Societät der musikalischen Wissenschaften ꝛc. einen ansehnlichen Preis auf die befriedigende Beantwortung der Frage: „Warum zwei unmittelbar auf einander folgende Quinten und Octaven nicht wohl in's Gehör fallen?" Es erschienen sieben Schriften, allein man fand keine des ausgesetzten Preises würdig. Eine Wiederholung der Frage hatte gleichen Erfolg. Türk wagte es, angesichts all' der vergeblichen Bemühungen nun selbstverständlich nicht, eine bündige Erklärung des Quinten-Verbots zu geben, er spricht aber vorsichtig die Vermuthung aus, das Widerwärtige möge in dem harmonischen Sprunge liegen. Die späteren Theoretiker haben aus der Wahrscheinlichkeit eine unumstößliche Gewißheit zu machen gesucht und die Türk'sche „Ahnung" hat im Laufe der Zeit die Bedeutung einer „Weissagung" bekommen. Hauptmann vermißt in der Quinten-Folge Einheit der Harmonie, in der Octaven-Folge Verschiedenheit der Melodie und fügt in Betreff der ersteren hinzu: „Bei einer Quint-Parallele, wie sehr sie auch verdeckt werde, wird immer die Bedeu-

---

bracht, vermeidet heute wohl jeder Componist; Printz billigte sie nicht, Marpurg aber fand es „lächerlich," dieselben für fehlerhaft zu halten.

tung burchklingen, daß ein zweiter Tonklang gegen einen ersten, der als Anfang steht, sich wieder als Anfang will geltend machen, was als ein Accord=Egoismus die Einheit des Satzes aufhebt." Wie hat man sich das zu deuten? Ja, lieber Herr, 's ist philosophisch, brauchens nicht zu verstehen, dürfen blos Respekt davor haben! Nachträglich ist dem genannten Verfasser eingefallen, daß eine Menge Quinten existiren, aus welchen keine Spur von störendem „Accord=Egoismus" herausklingt, z. B.

und es mußte die hochtönende Deklaration ein schlichtes Anhängsel haben: die Strenge in der Handhabung der Quinten=Ordonnanzen soll sich nur auf die „unmittelbare Folge reiner Quinten in der Secund=Fortschreitung und wo die Töne Accord=Bedeutung haben," beziehen; d. h. mit andern Worten: ich habe hier sehr gelehrt deducirt, warum die Quinten verboten werden, aber ich will nachträglich herzlich zugestehen, daß eigentlich nur zwei unstatthaft sind, nämlich:

und auch nur dann, wenn sie Accord=Bedeutung haben. Was sagt Accord=Bedeutung? Auf die Gefahr hin, nicht das

Richtige zu treffen, will ich annehmen, Hauptmann beanstandet blos diese Fortschreitungen:

Es kann indeß auch möglich sein, daß er die unter c) gegebene Combination tolerirt. Wer mag es wissen! Wenn Jemand seine Lehrsätze sprachlich so vermummt, daß oft kaum die Nasenspitze sichtbar ist, darf sich nicht beklagen, wenn man ihn — mißversteht!

Auch Richter macht in seiner Harmonielehre einen neuen Versuch, die alte Frage zu beantworten; obwohl ich mit dem Ergebniß nicht ganz einverstanden bin, will ich doch die betreffende Stelle des verdienstlichen Buches ganz hersetzen: „— schwieriger ist es, den Grund der Quinten-Fortschreitung, so sehr man von der Nothwendigkeit desselben überzeugt ist, zu finden und man hat sich von jeher viele Mühe gegeben, ihn klar und bestimmt auszudrücken. Man mag hierüber folgende Ansicht prüfen.

Stellt jede (?) Accordgestaltung für sich ein abgeschlossenes Ganzes dar, welches sich, es mag sonst gestaltet sein, wie es will, hauptsächlich in seinem Grundtone und der Quinte gleichsam als ein Kreis abschließt, und können die Accord-Verbindungen nur dadurch hervorgebracht werden, daß ein

Accord in dem andern gewissermaßen ein- und aufgeht,
leuchtet ein, daß zwei Accorde mit ihren Abgrenzungen, Quin.
nach Quinte, nicht in einander aufgehen, sondern, neben ein
ander gestellt, ohne Beziehung zu einander erscheinen werden

Ueberall nun, wo die reine Quinte erscheint, wird sie de.
Charakter der Abgrenzung in sich tragen *), die übrigen Be
standtheile des Accords (gleichsam der Inhalt der Quinte ode
Hinzugefügtes wie die Septime) mögen darunter oder dar
über liegen, das Unangenehme zweier Quintenfolgen wird
immer in dem **Mangel an Verbindung** zu finden sein.

Mein Lehrer, Professor Dehn, gestattete seinen Schüler
nicht, die alten Bräuche zu mißachten; indeß gab auch er zu
daß einzelne Quinten=Parallelen „ganz gut" klingen, z. B. die
„Scarlatti=Quinten:"

---

*) Unverständlich! Hat der Verfasser auch an folgende Accord
gedacht, die sämmtlich zwei und mehr reine Quinten besitzen?

Woher dieselben stammen, ob sie wirklich einem Werke des berühmten Italieners entnommen sind, weiß ich nicht. Es bedarf keiner Versicherung, daß ich „gehorsam der Gebieterin" lange Zeit nicht gewagt habe, den Gedanken, es könne doch auch hinsichtlich der Quinten Manches anders sein, als wir uns einreden, aufkommen zu lassen. Endlich aber brängte er alle Scrupel zurück und ich fing an zu rütteln. Da zeigte es sich, daß das alte Bollwerk morsch geworden war und unter den Händen zerbröckelte. Zwei Quinten störten mich noch einige Zeit. 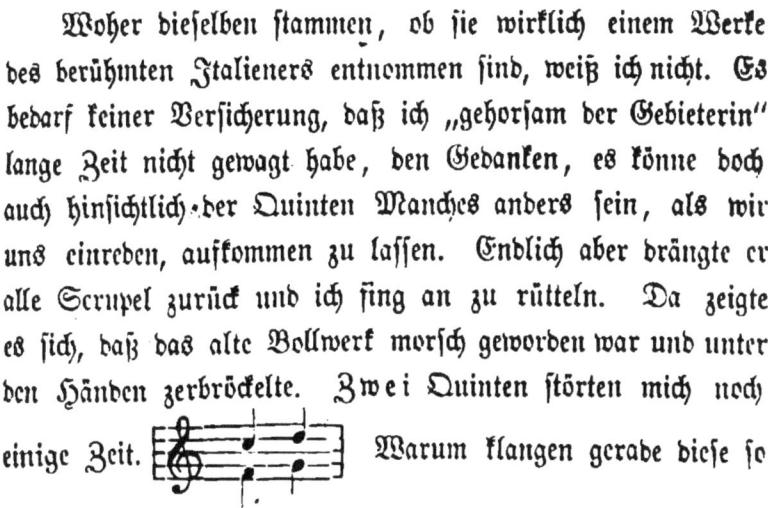 Warum klangen gerade diese so leer, widerwärtig, warum gab es kein Mittel, auch sie leiblich zu machen?

Bei allen andern war es mir gelungen, Milderungs= gründe zu finden, welche die Freisprechung der Verbrecher ermöglichten. Endlich zuckte ein Lichtstrahl durch den Nebel und ich fand das Prinzip, nach welchem die meisten Quinten zu gestatten, einige wenige zu verbieten sind; es lautet: Ein= heit soll in der Mannigfaltigkeit sein! Schaffe Einheit und — jede Quinte ist gut! Versuchen wir es einmal mit dem widerhaarigen Paare, dessen systematische Unterbringung mir so viel Kopfzerbrechens gemacht hat:

In den Beispielen b, c, d, e bildet der gemeinschaftlich[e]
Ton f das einheitliche Band und selbst der ärgste Quinten=Tödt[er]
wird nicht blindlings sein Schwert schwingen, sondern er
genau hören, ob diese Fortschreitungen auch wirklich tobeswü[r]
dige Verbrechen sind. Ich gehe weiter: es bedarf gar nic[ht]
des gemeinschaftlichen Tones, um eine Verbindung herzustelle[n],
die tonale Einheit läßt sich auch auf andere Weise h[er]
einbringen:

Hier ist die Einheit — trotz der Quinten — so wen[ig]
gestört, daß selten einem Hörer die verpönten Parallelen au[f]
fallen werden. Ich verweise auf die zahlreichen späteren Bei[-]
spiele; gerade diese Quinten=Folgen sind neuerdings rec[ht]
häufig und werden kaum noch gerügt.

Bei der Mannigfaltigkeit der Beziehungen, in welchen [die]
Töne zu einander stehen oder gedacht werden können, ist e[s]
fast schwer, zwei Quinten aufzustellen, denen jede Spur ein[er]
Einheit mangelt; z. B.

Das Beispiel a) sieht recht bedenklich aus, bessert sich aber bei b), und c) beweist, daß beide Quinten der Es moll-Tonart angehören, also durch das Medium tonaler Einheit zusammengehörig klingen.

Ich beantrage daher die Aufhebung des Quinten-Verbots! Ich bin nicht der Erste, der die alten Schranken stürzen will, gar mancher Praktiker der Vergangenheit kehrte sich an die theoretischen Warnungstafeln nicht, sondern ging unbeirrt seines Weges. Irgendwo fand ich folgendes Zwiegespräch zwischen Beethoven und Ries abgedruckt:

Beethoven: Wer hat denn die Quinten verboten?

Ries: Die Regel; die theoretischen Lehrbücher von Fux, Marpurg, Kirnberger und alle Andern. —

Beethoven: Nun, ich erlaube sie.

Das war ein Wort, des Titanen würdig! Nicht immer dachte der Meister so, es muß eine Zeit gegeben haben, in welcher er die Quinten ängstlich vermied. Man sehe folgende Stelle aus den Bagatellen, welche als Op. 33 erschienen sind:

Das a möchte in den mit × bezeichneten Stellen gern dabei sein, aber Quinten sind ja verboten, auch wenn die Einheit der Tonart (hier D-dur) ausreichende Entschuldigung gewährte! —

Wie jedes Gesetz einen gewissen Reiz ausübt, es zu umgehen, so auch das Quinten=Verbot. Die Theoretiker hatten vollauf zu thun, um all' die Schleichwege, welche die Praxis sich bahnte, zu versperren. Schon Joh. Crüger sagt 1634: Das Fehlerhafte der Quinten und Octaven wird nicht gemindert durch eingeschobene Dissonanzen, z. B. Sekunden zwischen Einklängen, Septimen und Nonen zwischen Octaven.

Aus den letzten beiden Beispielen geht hervor, daß Quarten und Sexten damals nicht im Stande waren, die Quinten=Parallelen zu verbessern; ein Punkt, über den die späteren

Theoretiker, gedrängt durch die Praxis, sehr verschiedener Meinung gewesen sind.

Durch Pausen suchten Andere die erste Quinte vergessen zu machen; die Theorie willigte darein, bestimmte aber, daß die Pause länger als eine Minima (𝅗𝅥) sein sollte; so lautet die Vorschrift bei Crüger und noch mehr als hundert Jahre nachher bei Marpurg. Seb. Bach befolgt in der Es-dur-Fuge des wohltemperirten Claviers diese Vorschrift gewissenhaft:

Die zwei halben Pausen haben die Bedeutung eines Schnippchens, welches der König des Contrapunktes den gestrengen Herren schlägt. Um ganz sicher zu gehen, erschien ihm auch noch eine Viertelpause als nothwendig.

Ein anderes, sehr beliebtes Mittel, um — namentlich in mehrstimmigen Gesangs-Compositionen — ungestraft Quinten zu schreiben, war die Stimmen-Kreuzung oder Stimmen-Verwechselung. Aus Seb. Bach's Chorälen will ich nur die beiden folgenden Beispiele anführen:

Die Octaven $\begin{smallmatrix}d&c\\d&c\end{smallmatrix}$ und $\begin{smallmatrix}a&h\\a&b\end{smallmatrix}$ sind durch Kreuzung (a) und Verwechselung der Stimmen (b) vermieden. Auf den Clavieren und der Orgel freilich verfängt dieses Mittel nicht. Wie bekannt dasselbe schon lange zuvor war, geht aus einem Werke Josquin's hervor, welches etwa um 1500 geschrieben sein mag. Der geniale Niederländer verbindet die folgenden Accorde

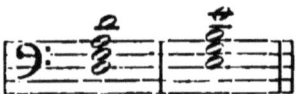

ohne daß zwei Stimmen Quinten- und Octaven-Parallelen machen:

Wenn Pausen nicht im Stande sind, die Quinten-Sünden gut zu machen, vermögen es die Vorhalte natürlich auch nicht; indeß waren die gesetzgebenden Herren in dieser Beziehung nicht einig. Mitzler lehrt 1742: „Die besten Meister billigen dieses Beispiel:

Allein man hat Ursache, damit vorsichtig zu verfahren und solches nicht in die äußeren Stimmen zu setzen, weil doch ein Schatten von unmittelbar auf einander folgenden Quinten übrig bleibt, welchen zärtliche Ohren merken." Dehn und Richter sagen: Der Vorhalt hebt die Quinten= und Octaven= Parallelen nicht auf; darnach wären folgende Beispiele feh= lerhaft:

1. Jacopo Peri: Euridice, 1600. 2. Händel: Israel.

Seb. Bach: Choralgesänge.

Marx, der größte musikalische Zeichendeuter des neun= zehnten Jahrhunderts, macht zu dem Takte von Händel folgende

Bemerkung: „Auch die Stimme der reifen Männer schleppt sich gelähmt aus einem in den andern Grundton." Dieses „Beschönigen um jeden Preis" charakterisirt den Mann und namentlich seine Schönrednerei um jeden Preis — also auch auf Unkosten der Wahrheit — verdankt er einen großen Theil seines Ansehens innerhalb der Laienkreise. Die Quinten von Peri, Händel, Bach sind ganz gewiß verbotene Fortschreitungen, weil die Einheit gänzlich fehlt und die Verzögerung nur die Bedeutung eines „nichtigen Einwandes" haben kann:

Diese drei Proben aus der Vergangenheits=Musik ent= halten gerade die Quinten=Folge, welche heute einzig und allein noch mit Grund zu verbieten ist. Daß Händel irgendwie daran gedacht haben soll, die beiden Quinten als charakteristisches Aus= drucksmittel zu wählen, wegen „der Qual und Angst des ver= schmachtenden Volkes," ist weiter nichts als die Auslegung eines Adepten. Was schrieb Marx über die Bedeutung des über= mäßigen Quint=Sert=Accordes mit seiner directen Auflösung, wie sie Mozart in mehreren seiner Werke giebt; welch' sinni= ges Gutachten entschlüpfte seiner Feder über die simplen Durchführungs=Quinten in der Gluck'schen Armide, welche als „letzter Zug für jenes Gemälde wollüstigen Schlummers" auf= zufassen sein sollen. Entzückend! rufen die Halb= und Un=

wissenden — was andererseits zu sagen wäre, darf man nicht so ohne Weiteres ausplaudern! Wer die **Götter** beleibigt, den steinigt das **Volk**.

Wenn ich auch das Quinten-Verbot in seiner bisherigen Fassung nicht mehr für zeitgemäß halten mag, so kann es doch selbstverständlich nicht meine Absicht sein, in Betreff der Intervall-Fortschreitungen anarchische Zustände einführen zu wollen. Es wird uneigentliche Quinten geben, die schrecklicher klingen als directe, Querstände, welche widerwärtiger sind als offenbare Parallelen. Wer Töne verbinden will, sorge zunächst dafür, daß das Band der „Einheit" sich um Zusammengehöriges schlinge. Wer technisch ungeschickt ist, wird Terzen-, Sexten- und andere Parallelen liefern, die Niemand ertragen kann, und wer mit Gewandtheit verfährt, schmuggelt Secunden- und Septimen-Folgen ein, läßt verpönte Quinten und verrufene Querstände auftreten, ohne das Ohr des Hörers je zu verletzen.

Das biabolische mi contra fa ist — wie viele andere Gespenster aus der Zopfzeit — verschwunden, und doch giebt es Terzen-Parallelen, von denen es mich freut, daß ich sie nicht geschrieben habe; zunächst rechne ich hieher die Folge von mindestens 30 großen Terzen in Spindler's Wellenspiel. Es wäre mir interessant zu erfahren, wie folgende Proben andern Leuten klingen, für mich haben sie wenig Annehmliches!

Lauter Terzen mit der unschuldigsten Miene von der Welt, aber — sie haben den Schalk im Nacken! Damit vergleiche man die Secunden=Parallelen (in den äußeren Stimmen) und die Septimen=Fortschreitungen zwischen Tenor und Baß (Beispiel 2), kann man sie unerträglich nennen?

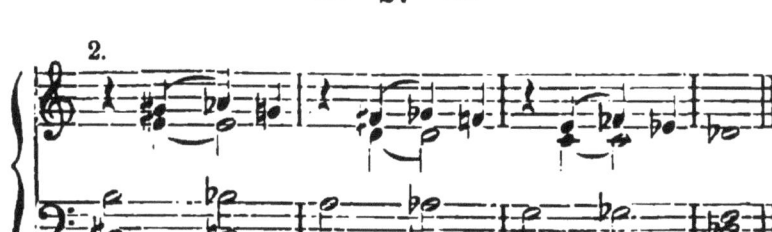

Diese Secunden- und Septimen-Parallelen klingen besser, als die einzelnen Quinten-Einsätze in folgendem Beispiele von R. Wagner:

R. Wagner: Tristan und Isolde, II. Act, 2. Scene.

Marke: „seiner Treue treueste That traf mein Herz mit schmerzlichstem Verrath."

Gräulich erschien mir immer eine Solo-Quinte, welche den Clavier-Auszug einer modernen Oper ziert:

Es kommt eben Alles darauf an, wie man es macht! Ungeschickte Hände sind im Stande, Terzen und Sexten in Uebelklänge zu verwandeln.

Ich habe schon angedeutet, daß die Quinten-Parallelen sich in den praktischen Werken der letzten Jahrhunderte weit häufiger finden, als man gewöhnlich meint, und daß die Classiker sich selten Zwang anlegten, sondern unbedenklich das alte und veraltete Gesetz ignorirten. Aus meiner umfangreichen Sammlung wähle ich das Interessanteste aus und führe es dem Leser unter folgenden Rubriken vor:

1. **Bedingungs-Quinten;**
2. **uneigentliche Quinten**, d. h. solche, welche regelmäßig auf gleichen Takttheilen und Taktgliedern wiederkehren;
3. **Quinten, trotz Pausen, Vorhalten, Verzögerungen** ꝛc.;
4. **Zergliederungs-Quinten**, durch gebrochene Accord-Sequenzen entstanden;
5. **Durchgangs-Quinten;**
6. **Durchführungs-Quinten;**
7. **Quinten, durch tonale Einheit verbunden:**
   a) **Mendelssohn-Quinten;**
   b) **directe Auflösung des übermäßigen Quint-Sext-Accordes, Mozart-Quinten** genannt;
   c) **tonale Einheit im Allgemeinen.**
8. **Die Quinten als Ausdrucksmittel: Charakteristische Quinten.**

1. Bedingungs=Quinten.

Sie finden sich hie und da in der Gesangs=Literatur und entstehen, wenn statt des Tenors ein Sopran (Nr. 3, 4, 5, 9) oder an Stelle des Soprans ein Tenor (Nr. 1, 2, 6, 7, 8) das Lied singt, Melodie und Begleitung also wie ein doppelter Contrapunkt in der Octave behandelt werden; bekanntlich ver= wandeln sich dann die unschuldigen Quarten in verdammungs= würdige Quinten.

1. **Mozart**: Abendempfindung.

8. **Twietmeyer: Op. 4. Nr. 1.**

9. **Mendelssohn: Op. 81. Jagdlied.**

10. **Russisches Nationallied (Schlesinger, Nr. 38).**

2. Uneigentliche Quinten,

auf gleichen Takttheilen und Taktgliedern regelmäßig wiederkehrend.

Nach Crüger sind sie nicht erlaubt. Fur lehrt: „Die Terz, auch wenn sie mit Nebennoten vermehrt ist, verbessert die Quinten nicht; das directe Gegentheil behauptet Tevo. Marpurg meint 1755: „Springende Quarten und Quinten verbessern die Quinten; Kirnberger und Türk sind derselben Ansicht, weil etliche große Meister dergleichen Fortschreitungen angewendet; sie warnen jedoch die Jugend vor ihrem Gebrauch.

Die betreffenden Beispiele sind folgende:
Marpurg 1755.

1. Bernh. Schmid: Orgel-Tabulaturbuch; Straßburg 1577.
Passomezo ungaro.

2. Domenico Scarlatti: Sonata.

3. Seb. Bach. (Orgel-Compositionen; 2. Heft.)

4. Gluck: Armide, 1777. (Nr. 2.)

5. Gluck: Armide. (Nr. 16. Ballet.)

6. Mozart: Entführung.

7. Beethoven: Sonate Gdur. Op. 14. Nr. 2.

8. **Beethoven:** Quintett. Op. 4. Es-dur.

9. **Solié:** Das Geheimniß; Operette. 1797. (Ouv.)

10. **Fr. Schubert:** Sonate A-dur.

11. Rossini: „Stabat mater."

12. Czerny: Etuden.

13. J. A. Pacher: Op. 59. „La belle fileuse."

3. Quinten durch Pausen, Verzögerungen ꝛc. maskirt,

aber trotzdem als fehlerhafte Fortschreitungen anzusehen, sobald ihnen jede einheitliche Beziehung fehlen sollte.

1. Bernh. Schmid: Orgel=Tabulaturbuch; 1577.

2. Lassus, 1582. (Deutsches Lied: „Mancher fragt mich, wer ich sei?")

3. Mozart: Es-dur=Sinfonie.

4. Zergliederungs=Quinten,
durch Sequenzen gebrochener Accorde entstehend.

Marpurg findet nichts Bedenkliches in ihnen; denn er sagt 1755: „Alle in Zergliederungen vorkommenden Quinten sind erlaubt; Richter hingegen meint: „Wenn die Figuren sich gleichmäßig wiederholen, z. B. in gebrochenen Accorden, so sind alle Regeln der harmonischen Stimmführung zu beobachten.

a. Von Marpurg gestattet: b. c. nach Richters Dafürhalten zu verbieten:

1. J. A. Hasse: Alcide al bivio. 1760.

2. **Mozart: Figaro's Hochzeit (Nr. 4).**

3. **Seb. Bach: Toccata D-moll.**

col 8va.

4. **Spindler: Op. 104. Nr. 4.**

5. Durchgangs-Quinten,

entstanden durch Vorschläge, Wechselnoten, durchgehende Noten u. s. w.

Sehr häufig, meist unmerklich, weil die Geschwindigkeit der Tonfolgen die Fehler gewissermaßen verflüchtigt.

1. J. Haydn: Sinfonie D-dur. (B. & H. Nr. 5.)

2. J. Haydn: Sinfonie C-moll.

7. J. L. Dussek: Consolation.

8. J. L. Dussek: Consolation.

9. J. L. Dussek: Consolation.

10. C. Fasch: Uebungsstück. 1793.

14. Mozart: Violin=Sonate G-dur.

15. Mozart: Violin=Sonate C-dur.

16. Mozart: Violin=Sonate F-dur.

17. Mozart: Violin=Sonate A-dur.

34. Diabelli: Sonate C-dur à 4 mains.

35. Spohr: 8tes Concert für die Violine.

36. C. G. Reissiger: Op. 65.

52. Chopin: Op. 40.

53. Chopin: Polonaise; Op. 26. Nr. 2.

54. Fr. Liszt: Ständchen.

55. A. Jaell: Op. 84.

64. J. H. Doppler: Op. 331. Nr. 5.

65. G. Schmidt: „La Réole." (Ouv.)

66. J. Raff: Op. 94.

67. Ch. Mächtig: Op. 5.

68. R. Wagner: Tristan und Isolde. III, 1.

69. R. Wagner: Rheingold.

Floßhilde.

Troft schli - - ße die Trau - - te bir!

6. Durchführungs-Quinten.

Sie entstehen, wenn man zu Gunsten eines contrapunktischen oder Figurirungs-Motivs auf strikte Befolgung beengender Gesetze verzichten zu dürfen glaubt. Diese Klasse ist sehr zahlreich, aber selten findet sich ein Beispiel mit störender Klangwirkung; die Flüchtigkeit der Erscheinung, die selten oder niemals fehlende tonale Einheit, die wuchtigen Accordmassen, — dies Alles hilft vertuschen!

1. Seb. Bach: Johannes-Passion (Nr. 25. Chor).

2. J. L. Dussek: La Chasse.

7. Mozart: Sinfonie Es-dur (Nr. 7, André).

8. Beethoven: Sonate As-dur, Op. 26.

9. Beethoven: Violin-Sonate Op. 24.

10. Beethoven: Op. 1. Nr. 2. Trio G-dur.

15. Ferd. Ries: 1. Sinfonie.

16. F. Ries: 1. Sinfonie.

17. J. Field: Nocturne E-dur.

18. Hummel: La bella Capricciosa.

31. **Thalberg:** Hugenotten-Fantasie.

32. Th. Kullak: Op. 113. Nr. 3.

33. Th. Kullak: Op. 22.

34. Th. Kullak: Op. 81. Nr. 8.

39. W. Taubert: „In der Fremde."

40. G. Eggers: Op. 4.

7. Quinten, durch tonale Einheit entschuldigt.

a. Mendelssohn=Quinten,

entstehend durch unmittelbare Verbindung von Dominanten= und Tonica=Accorden, Stufen I und IV., I und V., V und I. Das bekannteste, viel nachgeahmte Beispiel in der Ouverture zum Sommernachtstraum. Die Accordfolge kommt auch umgekehrt vor als IV, I. z. B. in Nr. 1, 3, 6 u. s. w.

1. Mendelssohn: Sommernachtstraum (Ouv.).

2. Fr. Schubert: Der Lindenbaum.

11. Rob. Schumann: Rothes Röslein.

und wärben trecken Strom und Meer —

12. Rob. Schumann: Träumerei. Op. 15. Nr. 7.

13. Th. Kullak: Op. 62. Nr. 1.

14. R. Wagner: Tristan und Isolde (Einleitung).

15. Spindler: Op. 43. Nr. 4.

16. Rubinstein: Op. 72. Nr. 6.

b. Mozart-Quinten.

Quinten, durch directe Auflösung des übermäßigen Quint=Sexten=Accordes entstehend. Sie dürfen in allen Stimmen unbedenklich angebracht werden, — in den äußeren nur sollen sie — angeblich — zum Unrecht werden und daher verboten sein. Es wird wohl auch hier sehr viel auf das „Wie?" ankommen. (Vgl. Beisp. 5. 7. 8.)

Der übermäßige Quint=Sexten=Accord ist die erste Umkehrung eines alterirten Septimen=Accordes:

In vielen Fällen als Stamm=Accord aufzufassen.   Alterirter Septimen=Accord.   Uebermäßiger Quint=Sexten=Accord.   Directe Auflösung.

Der Zug des verminderten Septimen=Accordes h d f as ist heute gleichmäßig nach C-dur und C-moll gerichtet; die erste Umkehrung des alterirten Septimen=Accordes h des f a löst sich meist nach dem Dur-Accorde auf, es hat also eine directe Auflösung des übermäßigen Quint=Sexten=Accordes auf des nach C-dur — trotz der augenfälligen Quinten — durchaus nichts Anstößiges für unser musikalisches Empfinden. Darüber sprechen sich die Theoretiker ziemlich gleichlautend aus.

1. **Mozart: Jupiter-Sinfonie.**

2. **Mozart: Entführung.**

3. **Mozart: Don Juan (1. Finale).**

*) Marx muß ein besonderer Verehrer dieser Fortschreitungen gewesen sein; denn er sagt irgendwo in der blumigen Art, die wir an ihm gewöhnt sind: „Mozart hat den sanft verklärenden Klang dieser Quinten-

7. Fr. Schubert: Op. 35.*)

8. Fr. Schubert: Die abgeblühte Linde.

Folge tief empfunden, als er damals der zärtliche Bräutigam seiner Constanze in Belmonte's Arie bei dem Liebesrufe „Constanze!" sie zu dem Gesange erweckte." Ob Mozart wohl einen andern Accord gewählt hätte, wenn er schon etliche Jahre verheirathet gewesen wäre? Ob wirklich ein Zusammenhang zwischen dem Brautstande und den übermäßigen Quint-Sexten-Accorden bestehen mag? Marx hat's gesagt, also! — Uebrigens irrt sich der musikalische Traumdeuter in Betreff des Textes; das hat aber nichts zu sagen. Schade, daß Marx nicht der Stelle aus Don Juan (Beispiel Nr. 3) gedachte; er würde sich die treffende Bemerkung nicht haben entgehen lassen, daß die „sanft fortschreitenden, verklärenden Quinten" das „Verteufelte" (in der Uebersetzung die Besessenheit) höchst charmant ausdrücken!

*) Die umgekehrte Verbindung von beispielsweise C und des ist selten. Man findet drei derartige Beispiele unter Nr. 6. 7. 10.

9. Rob. Schumann: Op. 15. Nr. 9.

10. Voß: Op. 111.

11. Ch. Mayer: Fantasie (Prophet).

12. W. V. Wallace: Op. 76.

13. Leybach: Op. 3.

c. Quinten-Parallelen durch tonale Einheit verbunden.

Zahlreich und durch — Gewohnheit unserm Ohre und unserm musikalischen Bewußtsein so eingeprägt, daß sie kaum als Fehler empfunden werden, höchstens nimmt das Auge daran Anstoß! —

1. Bernh. Schmid: Orgel=Tabulaturbuch. 1577.

2. Cl. Monteverde: Ariadne; 1608.

3. Mozart: Violin-Sonate B-dur.

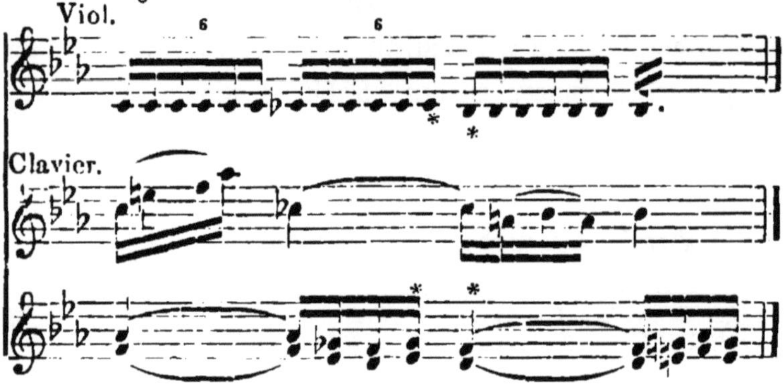
Viol.
Clavier.

4. Mozart: Zauberflöte.

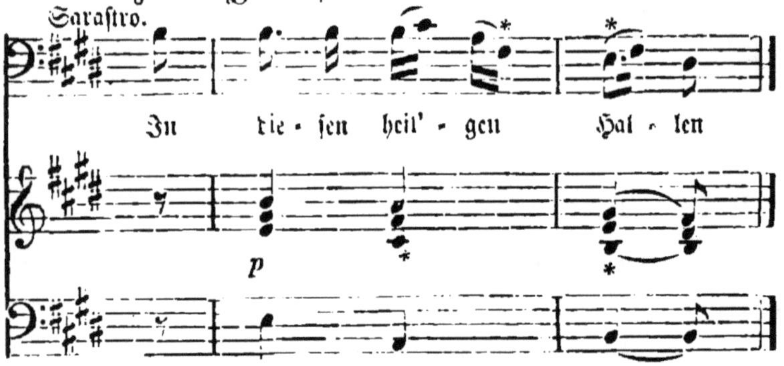
Sarastro.
In die - sen heil' - gen Hal - len
p

5. Mozart: Violin-Sonate B-dur.

Viol.
Clav.

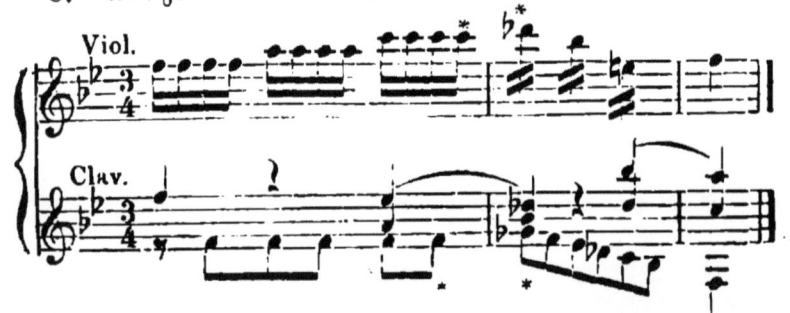

— 85 —

6. Beethoven: Op. 1. Nr. 3. Trio C-moll.

7. Beethoven: Op. 33. Nr. 1.

8. Beethoven: Sonate Op. 14. Nr. 1.

9. Beethoven: Sonate Op. 53.

10. Fr. Schubert: „Die böse Farbe."

wei - nen ganz tod - ten - bleich.

11. Rossini: Tell. (Ouvert.)

12. Rob. Schumann: Kinder-Scenen. (Nr. 7.)

13. Rob. Schumann: Paradies und Peri.

30. Schulhoff:

31. G. Vierling: Op. 5. Nr. 1.

32. G. Vierling Op. 14. Ouv. Maria Stuart.

33. E. D. Wagner: Faust=Fantasie.

34. X. Chwatal: Fantasie über „das Bild der Rose."

35. D. Krug: Op. 54. Nr. 3.

36. D. Krug: Op. 105. Nr. 7.

37. D. Krug: Op. 84. Nr. 1.

38. J. Vogt: Lazarus.

39. J. Muck: Op. 18.

40. Ferd. Hiller; Sinfonie: „Es muß doch endlich Frühling werden!"

41. Oscar Bolck: Op. 6. Nr. 7.

8. Charakteristische Quinten.

Es ist viel darüber gestritten worden, ob man das Fehlerhafte, Häßliche, als Mittel zu Ausdruckszwecken gebrauchen dürfe. Kircher war entzückt über Kapsbergers Einfall, die Worte „bis quinque panes offerunt" (sie opferten zweimal fünf Brode) durch Quinten=Parallelen zu illustriren. Marpurg nennt ein solches Verfahren lächerlich, denn „der Ausdruck macht keinen Fehler gut!" Aehnlich urtheilte man über Kuhnau, der für Sauls Unsinnigkeit keine bessere Analogie gefunden hatte, als Quinten.

Wenn es Unrecht war, Textesstellen wie die folgenden: „Peccatum contra me est semper" oder „da ist nicht Einer, der Gutes thue!" durch verbotene Fortschreitungen auszudrücken, so haben die Alten auch in dieser Beziehung mehr gesündigt als die Neueren, denn es finden sich dergleichen Wunderlichkeiten heutzutage nur noch selten und wenn sie hin und wieder vorkommen: die Quinten sind dabei Nebensache. Vgl. Beisp. 3.

Die Verwendung der Quinten zu Ausdruckszwecken wird kaum jünger sein als das stricte Verbot selbst. Manche deuten die Parallelen in Vecchio's kuriosem Amfiparnasso (1589) als hierher gehörig; ganz klar ist die Stelle aus des Prätorius Syntagma (1618), wo es heißt: „Vilanella, ein Bauerliedlein, welches die Bauern und gemeinen Handwerksleute singen, daher denn auch die Componisten oft mit besonderm Fleiß ein 4 oder 5 Quinten, gleichwol aber gar selten hinter einander hersetzen contra regulas musicorum, gleichwie die Bauern nach der Kunst nicht singen, sondern wie es ihnen einfällt.

1. Joh. Kuhnau: Biblische Historien. 1700.

Sonate II. „Saul malincolico." „La tristezza ed Il furore del Rè" wird also geschildert.

2. Haydn: Sinfonie C-dur.

*) Die Paroxysmus-Quinten sind immer durch ein mehrtaktiges „lucidum intervallum" getrennt.

3. Fr. Schubert. Schwanengesang. Nr. 6.

*) Dieselben Quinten in Wagners Rheingold, 4. Scene. Eine textliche Nothwendigkeit scheint mir nicht vorhanden zu sein; die Parallelen entbehren jedoch der tonalen Einheit nicht, wenn man den H-dur-Sexten-Accord enharmonisch verwechselt, beide Accorde finden dann ihre gemeinsame Heimath in Es-moll.

Loge zu Alberich.

singen, daher denn auch die Componisten oft mit besonderm Fleiß ein 4 oder 5 Quinten, gleichwol aber gar selten hinter einander hersetzen contra regulas musicorum, gleichwie die Bauern nach der Kunst nicht singen, sondern wie es ihnen einfällt.

1. Joh. Kuhnau: Biblische Historien. 1700.

Sonate II. „Saul malincolico." „La tristezza ed Il furore del Rè" wird also geschildert.

2. Haydn: Sinfonie C-dur.

(Dudelsack-Quinten.)

*) Die Paroxysmus-Quinten sind immer durch ein mehrtaktiges „lucidum intervallum" getrennt.

3. Fl. [...] Schwanengesang. Nr. 6.

*) Dieselben Quinten in Wagners Rheingold, 4. Scene. Eine textliche Nothwendigkeit scheint mir nicht vorhanden zu sein; die Parallelen entbehren jedoch der tonalen Einheit nicht, wenn man den H-dur-Sexten-Accord enharmonisch verwechselt, beide Accorde finden dann ihre gemeinsame Heimath in Es-moll.

Loge zu Alberich.

4. Mendelssohn: Sommern... ...marsch.)

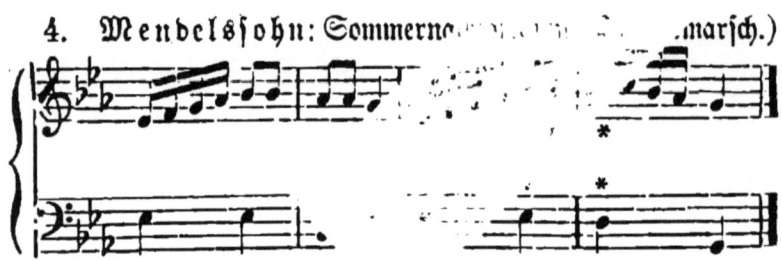

5. Gounod: Faust. (Schluß=Chor.)

Christ ist er - stan - ben!

---

*) Herr Gounod hat also auch die Berichte von Hucbald und seinem Quinten=Organum gelesen; indeß „was kümmert sich ein Zuhörer um solche ihm unbekannte Ausdrückungen? Es steckt keine Pathetik dahinter, sagt Riepel 1757, bereuend, daß er „ehemals dergleichen auch versucht."

Druck von Sturm und Koppe (A. Dennhardt) in Leipzig.